LOI SUR LES SOCIÉTÉS

Paris.—Typ. Alcan-Lévy, boulevard de Clichy, 6₂

LOI

SUR LES SOCIÉTÉS

Suivie d'un

COMMENTAIRE

PAR

M. BOURLET DE LA VALLÉE

Avocat, ancien agréé au Tribunal
de commerce de Rouen,
Chef de correspondance à la Caisse générale
des assurances agricoles.

———•o•———

PARIS

CHEZ LES PRINCIPAUX LIBRAIRES

LOI SUR LES SOCIÉTÉS

Le but du gouvernement, en présentant au Corps législatif cette loi, promise depuis plusieurs années, a été de réveiller l'esprit d'association.

Découragés par les abus auxquels a donné lieu la création d'un grand nombre de Sociétés par actions, et par les déceptions qui en ont été la conséquence, les capitaux hésitent depuis longtemps à entrer dans des Sociétés nouvelles.

Et, cependant, il est indispensable que les capitaux de l'épargne reviennent féconder l'esprit d'entreprise, pour que notre commerce et notre industrie, aux prises sur le marché avec la concurrence étrangère depuis l'avénement du libre-échange, puissent lutter avec elle à armes à peu près égales.

En effet, l'abondance des capitaux est un des éléments de la production à bon marché ; et le bas prix des articles fabriqués est la première condition pour qu'ils entrent dans la consommation générale.

Or, dans notre pays, les ressources des fortunes privées sont restreintes, comparativement aux fortunes colossales qui se consacrent au commerce et à l'industrie dans les pays voisins, et il faut remédier à cette infériorité en attirant vers le commerce et l'industrie les capitaux collectifs de l'épargne par l'association.

Le programme que le gouvernement s'était tracé en édictant la nouvelle loi était donc :

1° De donner l'essor à l'esprit d'entreprise en facilitant la création des Sociétés par actions ;

C'est pour cela qu'elle a affranchi du

contrôle du gouvernement les Sociétés anonymes ;

2 De sauvegarder les intérêts des actionnaires contre les fraudes de la spéculation, contre l'imprudence des gérants et contre la négligence des administrateurs.

Malheureusement, dans cette seconde partie du programme, le but a été parfois dépassé ; il fallait, en encourageant l'esprit d'association par la sécurité, ne pas entraver l'esprit d'entreprise par des mesures coercitives trop rigoureuses. La balance était difficile à tenir entre ces deux intérêts, et, selon nous, le Corps législatif, dans un sentiment louable mais exagéré de moralisation et de protection, a hérissé la loi de précautions excessives qui, comme nous le montrerons dans notre commentaire, en ont quelque peu dénaturé le caractère primitif ;

3° D'appeler à l'association non pas seulement les capitaux, mais le travail lui-même.

C'est pour cela qu'a été ajouté le titre III sur les Sociétés *coopératives*.

On voit par ce qui précède combien cette loi est importante pour le commerce et l'industrie.

Nous ferons cependant remarquer que sa dénomination est vicieuse.

En effet, il semblerait, d'après son titre, qu'elle doit régir toutes les Sociétés.

Il n'en est pas ainsi.

La législation antérieure reconnaît deux natures de Sociétés, les *Sociétés civiles* et les *Sociétés commerciales*.

La nouvelle loi ne s'occupe pas des premières.

La législation antérieure reconnaît quatre espèces de Sociétés *commerciales*, savoir :

La Société *en nom collectif* par laquelle plusieurs individus associent à la fois leurs personnes et leurs fortunes.

La Société *anonyme*, qui n'est qu'une association de capitaux représentés par des actions ;

La Société *en commandite*, fusion des deux précédentes, formée entre un ou plusieurs individus qui consacrent à l'association leur personnalité et leur fortune, et d'autres individus qui n'associent qu'une quotité de capitauxdéterminée;

Enfin la Société en *participation* qui n'a pour but qu'une ou plusieurs opérations déterminées.

De ces quatre espèces de Sociétés *commerciales*, la nouvelle loi n'en régit que deux, la Société *anonyme* et la Société *en commandite*.

Il semble donc qu'il eût été plus rationnel de lui donner pour titre :

Loi sur les Sociétés par actions et sur les Sociétés à capital variable,

Afin de rendre sa publication complète pour nos lecteurs, nous croyons utile de reproduire d'abord les articles du Code de commerce qui régissaient antérieurement ce genre de Sociétés et dont les dispositions n'ont pas été abrogées.

1.

CODE DE COMMERCE.

Art. 23. La *Société en commandite* se contracte entre un ou plusieurs associés responsables et solidaires, et un ou plusieurs associés simples bailleurs de fonds, que l'on nomme *commanditaires* ou *associés en commandite*. — Elle est régie sous un nom social qui doit être nécessairement celui d'un ou de plusieurs des associés responsables et solidaires.

Art. 24. Lorsqu'il y a plusieurs associés solidaires et en nom, soit que tous gèrent ensemble, soit qu'un ou plusieurs gèrent pour tous, la Société est à la fois en nom collectif à leur égard, et Société en commandite à l'égard des simples bailleurs de fonds.

Art. 25. Le nom d'un associé commanditaire ne peut faire partie de la raison sociale.

Art. 26. L'associé commanditaire n'est passible des pertes que jusqu'à concurrence des fonds qu'il a mis ou dû mettre dans la Société.

Art. 27. L'associé commanditaire ne peut faire aucun acte de gestion, ni être employé pour les affaires de la Société, même en vertu de procuration.

Art. 28. En cas de contravention à la prohibition mentionnée dans l'article précédent, l'associé commanditaire est obligé solidairement avec les associés en nom collectif pour toutes les dettes et engagements de la Société.

Art. 29. La Société *anonyme* n'existe point sous un nom social; elle n'est désignée par le nom d'aucun des associés.

Art. 30. Elle est qualifiée par la désignation de l'objet de son entreprise.

Art. 32. Les administrateurs ne sont responsables que de l'exécution du mandat qu'ils ont reçu. — Ils ne contractent, à raison de leur gestion, aucune obligation personnelle, ni solidaire, relativement aux engagements de la Société.

Art. 33. Les associés ne sont passibles que de la perte de leur intérèt dans la Société.

Art. 34. Le capital de la Société anonyme se divise en actions et même en coupons d'action d'une valeur égale.

Art. 36. La propriété des actions peut être établie par une inscription sur les registres de la Société. — Dans ce cas, la cession s'opère par une déclaration de transfert inscrite sur les registres, ou signée de celui qui fait le transport ou d'un fondé de pouvoirs.

Après ces prolégomènes, arrivons à la publication de la loi ; nous la donnerons tout entière et sans interruption, réservant, pour le commentaire que nous publions à la suite, les réflexions que ne peuvent manquer de suggérer la plupart de ses dispositions et leur comparaison avec les lois antérieures.

LOI SUR LES SOCIÉTÉS

—

TITRE PREMIER

DES SOCIÉTÉS EN COMMANDITE PAR ACTIONS.

Art. 1er.

Les sociétés en commandite ne peuvent diviser leur capital en actions ou coupons d'actions de moins de 100 francs, lorsque ce capital n'excède pas 200,000 francs, et de moins de 500 francs lorsqu'il est supérieur.

Elles ne peuvent être définitivement constituées qu'après la souscription de la totalité du capital social, et le versement, par chaque actionnaire, du quart au moins du montant des actions par lui souscrites.

Cette souscription et ces versements sont constatés par une déclaration du gérant dans un acte notarié.

A cette déclaration sont annexés la liste des souscripteurs, l'état des versements effectués, l'un des doubles de l'acte de société s'il est sous seing privé, et une expédition s'il est notarié et s'il a été passé devant un notaire autre que celui qui a reçu la déclaration.

L'acte sous seings privés, quel que soit le nombre des associés, sera fait en double original, dont l'un sera annexé, comme il est dit au paragraphe qui précède, à la déclaration de souscription du capital et de versement du quart, et l'autre restera déposé au siége social.

Art. 2.

Les actions ou coupons d'actions sont négociables après le versement du quart.

Art. 3.

Il peut être stipulé, mais seulement par les statuts constitutifs de la société, que les actions ou coupons d'actions pourront, après avoir été libérés de moitié, être convertis en actions au porteur par délibération de l'assemblée générale.

Soit que les actions restent nominatives après cette délibération, soit qu'elles aient été converties en actions au porteur, les souscripteurs primitifs qui ont aliéné les actions et ceux auxquels ils les ont cédées avant le versement de moitié restent tenus au paiement du montant de leurs actions pendant un délai de deux ans, à partir de la délibération de l'assemblée générale.

Art. 4.

Lorsqu'un associé fait un apport qui ne consiste pas en numéraire ou stipule à son profit des avantages particuliers, la première assemblée générale fait apprécier la valeur de l'apport ou la cause des avantages stipulés.

La société n'est définitivement constituée qu'après l'approbation de l'apport ou des avantages, donnée par une autre assemblée générale, après une nouvelle convocation.

La seconde assemblée générale ne pourra statuer sur l'approbation de l'apport ou des avantages qu'après un rapport qui sera imprimé et tenu à la disposition des actionnaires cinq jours au moins avant la réunion de cette assemblée.

Les délibérations sont prises par la majorité des actionnaires présents. Cette majorité doit comprendre le quart des actionnaires et représenter le quart du capital social en numéraire.

Les associés qui ont fait l'apport ou stipulé des avantages particuliers soumis à l'appréciation de l'assemblée n'ont pas voix délibérative.

A défaut d'approbation, la société reste sans effet à l'égard de toutes les parties.

L'approbation ne fait pas obstacle à l'exercice ultérieur de l'action qui peut être intentée pour cause de dol ou de fraude.

Les dispositions du présent article, relatives à la vérification de l'apport qui ne consiste pas en numéraire, ne sont pas applicables au cas où la société à laquelle est fait ledit apport est formée entre ceux seulement qui en étaient propriétaires par indivis.

Art. 5.

Un conseil de surveillance, composé de trois actionnaires au moins, est établi dans chaque société en commandite par actions.

Ce conseil est nommé par l'assemblée générale des actionnaires immédiatement après la constitution définitive de la société et avant toute opération sociale.

Il est soumis à la réélection aux époques et suivant les conditions déterminées par les statuts.

Toutefois, le premier conseil n'est nommé que pour une année.

Art. 6.

Ce premier conseil doit, immédiatement après sa nomination, vérifier si toutes les dispositions contenues dans les articles qui précèdent ont été observées.

Art. 7.

Est nulle et de nul effet, à l'égard des intéressés, toute société en commandite par actions constituée contrairement aux prescriptions des articles 1, 2, 3, 4 et 5 de la présente loi.

Cette nullité ne peut être opposée aux tiers par les associés.

Art. 8.

Lorsque la société est annulée, aux termes de l'article précédent, les membres du premier conseil de surveillance peuvent être déclarés responsables, avec le gérant, du dommage résultant pour la société ou pour les tiers de l'annulation de la société.

La même responsabilité peut être prononcée contre ceux des associés dont les apports ou les avantages n'auraient pas été vérifiés et approuvés conformément à l'article 4 ci-dessus.

Art. 9.

Les membres du conseil de surveillance n'encourent aucune responsabilité en raison des actes de la gestion et de leurs résultats.

Chaque membre du conseil de surveillance est responsable de ses fautes personnelles, dans l'exécution de son mandat, conformément aux règles du droit commun.

Art. 10.

Les membres du conseil de surveillance vérifient les livres, la caisse, le portefeuille et les valeurs de la société.

Ils font, chaque année, à l'assemblée générale, un rapport dans lequel ils doivent signaler les irrégularités et inexactitudes qu'ils ont reconnues dans les inventaires, et constater, s'il y a lieu, les motifs qui s'opposent aux distributions des dividendes proposées par le gérant.

Aucune répétition de dividendes ne peut être exercée contre les actionnaires, si ce n'est dans le cas où la distribution en aura été faite en l'absence de tout inventaire ou en dehors des résultats constatés par l'inventaire.

L'action en répétition, dans le cas où elle est ouverte, se prescrit par cinq ans, à partir du jour fixé pour la distribution des dividendes.

Les prescriptions commencées à l'époque de la promulgation de la présente loi, et pour lesquelles il faudrait encore, suivant les lois anciennes, plus de cinq ans, à partir de la même époque, seront accomplies par ce laps de temps.

Art. 11.

Le conseil de surveillance peut convoquer l'assemblée générale et, conformément à son avis, provoquer la dissolution de la société.

Art. 12.

Quinze jours au moins avant la réunion de l'assemblée générale, tout actionnaire peut prendre, par lui ou par un fondé de pouvoir, au siége social, communication du bilan, des inventaires et du rapport du conseil de surveillance.

Art. 13.

L'émission d'actions ou de coupons d'actions d'une société constituée contrairement aux prescriptions des articles 1, 2 et 3 de la présente loi, est punie d'une amende de 500 à 10,000 francs.

Sont punis de la même peine :

Le gérant qui commence les opérations sociales avant l'entrée en fonctions du conseil de surveillance ;

Ceux qui, en se présentant comme propriétaires d'actions ou de coupons d'actions qui ne leur appartiennent pas, ont créé frauduleusement une majorité factice dans une assemblée générale, sans préjudice de tous dommages-intérêts, s'il y a lieu, envers la société ou envers les tiers ;

Ceux qui ont remis les actions pour en faire l'usage frauduleux.

Dans les cas prévus par les deux paragraphes précédents, la peine de l'emprisonnement de quinze jours à six mois peut, en outre, être prononcée.

Art. 14.

La négociation d'actions ou de coupons d'actions dont la valeur ou la forme serait contraire aux dispositions des articles 1, 2 et 3 de la présente loi, ou pour lesquels le versement du quart n'aurait pas été effectué, conformément à l'article 2 ci-dessus, est punie d'une amende de 500 à 10,000 francs.

Sont punies de la même peine toute participation à ces négociations et toute publication de la valeur desdites actions.

Art. 15.

Sont punis des peines portées par l'article 405 du Code pénal, sans préjudice de l'application de cet article à tous les faits constitutifs du délit d'escroquerie :

1° Ceux qui, par simulation de souscriptions ou de versements, ou par publication, faite de mauvaise foi, de souscriptions ou de versements qui n'existent pas, ou de tous autres faits faux, ont obtenu ou tenté d'obtenir des souscriptions ou des versements ;

2° Ceux qui, pour provoquer des souscriptions ou des versements, ont, de mauvaise foi, publié les noms de personnes désignées, contrairement à la vérité, comme étant ou devant être attachées à la société à un titre quelconque;

3° Les gérants qui, en l'absence d'inventaires ou au moyen d'inventaires frauduleux, ont opéré entre les actionnaires la répartition de dividendes fictifs.

Les membres du conseil de surveillance ne sont pas civilement responsables des délits commis par le gérant.

Art. 16.

L'article 463 du Code pénal est applicable aux faits prévus par les trois articles qui précèdent.

Art. 17.

Des actionnaires représentant le vingtième au moins du capital social peuvent, dans un intérêt commun, charger à leur frais un ou plusieurs mandataires de soutenir, tant en demandant qu'en défendant, une action contre les gérants ou contre les membres du conseil de surveillance, et de les représenter, en ce cas, en justice, sans préjudice de l'action que chaque actionnaire peut intenter individuellement en son nom personnel.

Art. 18.

Les sociétés antérieures à la loi du 17 juillet 1856, et qui ne se seraient pas conformées à l'article 15 de cette loi, seront tenues, dans un délai de six mois, de constituer un conseil de surveillance, conformément aux prescriptions qui précèdent.

A défaut de constitution du conseil de surveillance, dans le délai ci-dessus fixé, chaque actionnaire a le droit de faire prononcer la dissolution de la société.

Art. 19.

Les sociétés en commandite par actions antérieures à la présente loi, dont les statuts permettent la transformation en société anonyme autorisée par le Gouvernement, pourront se convertir en société anonyme dans les termes déterminés par le titre II de la présente loi, en se conformant aux conditions stipulées dans les statuts pour la transformation.

Art. 20.

Est abrogée la loi du 17 juillet 1856.

TITRE II.

DES SOCIÉTÉS ANONYMES.

Art. 21.

A l'avenir, les sociétés anonymes pourront se former sans l'autorisation du Gouvernement.

Elles pourront, quel que soit le nombre des associés, être formées par un acte sous seings privés fait en double original.

Elles seront soumises aux dispositions des articles 29, 30, 32, 33, 34 et 36 du Code de commerce et aux dispositions contenues dans le présent titre.

Art. 22.

Les sociétés anonymes sont administrées par un ou plusieurs mandataires à temps, révocables, salariés ou gratuits, pris parmi les associés.

Ces mandataires peuvent choisir parmi eux un directeur, ou, si les statuts le permettent, se substituer un mandataire étranger à la société et dont ils sont responsables envers elle.

Art. 23.

La société ne peut être constituée si le nombre des associés est inférieur à sept.

Art. 24.

Les dispositions des articles 1, 2, 3 et 4 de la présente loi sont applicables aux sociétés anonymes.

La déclaration imposée au gérant par l'article 1er est faite par les fondateurs de la société anonyme ; elle est soumise, avec les pièces à l'appui, à la première assemblée générale, qui en vérifie la sincérité.

Art. 25.

Une assemblée générale est, dans tous les cas, convoquée, à la diligence des fondateurs, postérieurement à l'acte qui constate la souscription du capital social et le versement du quart du capital, qui consiste en numéraire. Cette assemblée nomme les premiers administrateurs ; elle nomme également, pour la première année, les commissaires institués par l'article 32 ci-après.

Ces administrateurs ne peuvent être nommés pour plus de six ans ; ils sont rééligibles, sauf stipulation contraire.

Toutefois ils peuvent être désignés par les statuts avec stipulation formelle que leur nomination ne sera point soumise à l'approbation de l'assemblée générale. En ce cas, ils ne peuvent être nommés pour plus de trois ans.

Le procès-verbal de la séance constate l'acceptation des administrateurs et des commissaires présents à la réunion.

La société est constituée à partir de cette acceptation.

Art. 26.

Les administrateurs doivent être propriétaires d'un nombre d'actions déterminé par les statuts.

Ces actions sont affectées en totalité à la garantie de tous les actes de la gestion, même de ceux qui seraient exclusivement personnels à l'un des administrateurs.

Elles sont nominatives, inaliénables, frappées d'un timbre indiquant l'inaliénabilité, et déposées dans la caisse sociale.

Art. 27.

Il est tenu, chaque année au moins, une assemblée générale à l'époque fixée par les statuts. Les statuts déterminent le nombre d'actions qu'il est nécessaire de posséder, soit à titre de propriétaire, soit à titre de mandataire, pour être admis dans l'assemblée ; le nombre de voix appartenant à chaque actionnaire, eu égard au nombre d'actions dont il est porteur.

Néanmoins, dans les assemblées générales, appelées à vérifier les apports, à nommer les premiers administrateurs et à vérifier la sincérité de la déclaration des fondateurs de la société, prescrite par le deuxième paragraphe de l'article 24, tout actionnaire, quel que soit le nombre des actions dont il est porteur, peut prendre part aux délibérations avec le nombre de voix déterminé par les statuts, sans qu'il puisse être supérieur à dix.

Art. 28.

Dans toutes les assemblées générales, les délibérations sont prises à la majorité des voix.

Il est tenu une feuille de présence ; elle contient les noms et domicile des actionnaires et le nombre d'actions dont chacun d'eux est porteur.

Cette feuille, certifiée par le bureau de l'assemblée, est déposée au siége social et doit être communiquée à tout requérant.

Art. 29.

Les assemblées générales qui ont à délibérer dans des cas autres que ceux qui sont prévus par les deux articles qui suivent, doi-

vent être composées d'un nombre d'actionnaires représentant le quart au moins du
capital social.

Si l'assemblée générale ne réunit pas ce
nombre, une nouvelle assemblée est convoquée dans les formes et avec les délais pres-
crits par les statuts, et elle délibère valablement, quelle que soit la portion du capital
représenté par les actionnaires présents.

Art. 30.

Les assemblées qui ont à délibérer sur la
vérification des apports, sur la nomination
des premiers administrateurs, sur la sincérité
de la déclaration faite par les fondateurs,
aux termes du paragraphe 2 de l'article 24,
doivent être composées d'un nombre d'actionnaires représentant la moitié au moins du
capital social.

Le capital social, dont la moitié doit être
représentée pour la vérification de l'apport,
se compose seulement des apports non soumis à la vérification.

Si l'assemblée générale ne réunit pas un
nombre d'actionnaires représentant la moitié
du capital social, elle ne peut prendre qu'une
délibération provisoire. Dans ce cas, une nouvelle assemblée générale est convoquée. Deux
avis, publiés à huit jours d'intervalle, au
moins un mois à l'avance, dans l'un des journaux désignés pour recevoir les annonces
légales, font connaître aux actionnaires les
résolutions provisoires adoptées par la première assemblée, et ces résolutions devien-

nent définitives si elles sont approuvées par
la nouvelle assemblée, composée d'un nombre d'actionnaires représentant le cinquième
au moins du capital social.

Art. 31.

Les assemblées qui ont à délibérer sur des
modifications aux statuts ou sur des propo-
sitions de continuation de la société au delà
du terme fixé pour sa durée, ou de dissolution avant ce terme, ne sont régulièrement
constituées et ne délibèrent valablement
qu'autant qu'elles sont composées d'un nombre d'actionnaires représentant la moitié au
moins du capital social.

Art. 32.

L'assemblée générale annuelle désigne un
ou plusieurs commissaires, associés ou non,
chargés de faire un rapport à l'assemblée
générale de l'année suivante sur la situation
de la société, sur le bilan et sur les comptes
présentés par les administrateurs.

La délibération contenant approbation du
bilan et des comptes, est nulle si elle n'a été
précédée du rapport des commissaires.

A défaut de nomination des commissaires
par l'assemblée générale, ou en cas d'empê-
chement ou de refus d'un ou de plusieurs des
commissaires nommés, il est procédé à leur
nomination ou à leur remplacement par or-
donnance du président du tribunal de commerce du siége de la société, à la requête de
tout intéressé, les administrateurs duement
appelés.

Art. 33.

Pendant le trimestre qui précède l'époque fixée par les statuts pour la réunion de l'assemblée générale, les commissaires ont droit, toutes les fois qu'ils le jugent convenable dans l'intérêt social, de prendre communication des livres et d'examiner les opérations de la société.

Ils peuvent toujours, en cas d'urgence, convoquer l'assemblée générale.

Art. 34.

Toute société anonyme doit dresser, chaque semestre, un état sommaire de sa situation active et passive.

Cet état est mis à la disposition des commissaires.

Il est, en outre, établi chaque année, conformément à l'art. 9 du Code de Commerce, un inventaire contenant l'indication des valeurs mobilières et immobilières et de toutes les dettes actives et passives de la société.

L'inventaire, le bilan et le compte des profits et pertes sont mis à la disposition des commissaires le quarantième jour, au plus tard, avant l'assemblée générale; ils sont présentés à cette assemblée.

Art. 35.

Quinze jours au moins avant la réunion de l'assemblée générale, tout actionnaire peut prendre, au siége social, communication de l'inventaire et de la liste des actionnaires, et se faire délivrer copie du bilan résumant l'inventaire et du rapport des commissaires.

Art. 36.

Il est fait annuellement, sur les bénéfices nets, un prélèvement d'un vingtième au moins, affecté à la formation d'un fonds de réserve.

Ce prélèvement cesse d'être obligatoire lorsque le fonds de réserve a atteint le dixième du capital social.

Art. 37.

En cas de perte des trois quarts du capital social, les administrateurs sont tenus de provoquer la réunion de l'assemblée générale de tous les actionnaires, à l'effet de statuer sur la question de savoir s'il y a lieu de prononcer la dissolution de la société.

La résolution de l'assemblée est, dans tous les cas, rendue publique.

A défaut par les administrateurs de réunir l'assemblée générale, comme dans le cas où cette assemblée n'aurait pu se constituer régulièrement, tout intéressé peut demander la dissolution de la société devant les tribunaux.

Art. 38.

La dissolution peut être prononcée sur la demande de toute partie intéressée, lorsqu'un an s'est écoulé depuis l'époque où le nombre des associés est réduit à moins de sept.

Art. 39.

L'article 17 est applicable aux sociétés anonymes.

Art. 40.

Il est interdit aux administrateurs de prendre ou de conserver un intérêt direct ou indirect dans une entreprise ou dans un marché fait avec la société ou pour son compte, à moins qu'ils n'y soient autorisés par l'assemblée générale.

Il est, chaque année, rendu à l'assemblée générale, un compte spécial de l'exécution des marchés ou entreprises par elle autorisés, aux termes du paragraphe précédent.

Art. 41.

Est nulle et de nul effet à l'égard des intéressés toute société anonyme pour laquelle n'ont pas été observées les dispositions des art. 22, 23, 24 et 25 ci-dessus.

Art. 42.

Lorsque la nullité de la société ou des actes et délibérations a été prononcée, aux termes de l'article précédent, les fondateurs auxquels la nullité est imputable, et les administrateurs en fonctions au moment où elle a été encourue, sont responsables solidairement envers les tiers, sans préjudice des droits des actionnaires.

La même responsabilité solidaire peut être prononcée contre ceux des associés dont les apports ou les avantages n'auraient pas été vérifiés et approuvés conformément à l'article 24.

Art. 43.

L'étendue et les effets de la responsabilité

des commissaires envers la société sont déterminés d'après les règles générales du
mandat.

Art. 44.

Les administrateurs sont responsables,
conformément aux règles du droit commun,
individuellement ou solidairement suivant les
cas, envers la société ou envers les tiers, soit
des infractions aux dispositions de la présente
loi, soit des fautes qu'ils auraient commises
dans leur gestion, notamment en distribuant
ou en laissant distribuer sans opposition des
dividendes fictifs.

Art. 45.

Les dispositions des articles 13, 14, 15 et
16 de la présente loi sont applicables en matière de sociétés anonymes, sans distinction
entre celles qui sont actuellement existantes
et celles qui se constitueront sous l'empire de
la présente loi. Les administrateurs qui, en
l'absence d'inventaire ou au moyen d'inventaire frauduleux, auront opéré des dividendes fictifs, seront punis de la peine qui est
prononcée, dans ce cas, par le numéro 3 de
l'article 15, contre les gérants des sociétés en
commandite.

Sont également applicables, en matière de
société anonyme, les dispositions des trois
derniers paragraphes de l'article 10.

Art. 46.

Les sociétés anonymes actuellement existantes continueront à être soumises pendant

toute leur durée aux dispositions qui les ré-
gissent.

Elles pourront se transformer en sociétés
anonymes dans les termes de la présente loi,
en obtenant l'autorisation du gouvernement,
et en observant les formes prescrites pour la
modification de leurs statuts.

Art. 47.

Les sociétés à responsabilité limitée pourront se convertir en sociétés anonymes dans
les termes de la présente loi, en se conformant aux conditions stipulées pour la modification de leurs statuts.

Sont abrogés les articles 31, 37 et 40 du
Code de Commerce et la loi du 23 mai 1863
sur les sociétés à responsabilité limitée.

TITRE III

DISPOSITIONS PARTICULIÈRES AUX SOCIÉTÉS

A CAPITAL VARIABLE.

Art. 48.

Il peut être stipulé dans les statuts de toute
société que le capital social sera susceptible
d'augmentation par des versements successifs
faits par les associés, ou l'admission d'associés
nouveaux, et de diminution par la reprise to-
tale ou partielle des apports effectués.

Les sociétés dont les statuts contiendront

la stipulation ci-dessus seront soumises, indépendamment des règles générales qui leur sont propres, suivant leur forme spéciale, aux dispositions des articles suivants.

Art. 49.

Le capital social ne pourra être porté par les statuts constitutifs de la société au dessus de la somme de 200,000 francs.

Il pourra être augmenté par des délibérations de l'assemblée générale, prises d'année en année; chacune des augmentations ne pourra être supérieure à 200,000 fr.

Art. 50.

Les actions ou coupons d'actions seront nominatifs, même après leur entière libération; ils ne pourront être inférieurs à 50 fr.

Ils ne seront négociables qu'après la constitution définitive de la société.

La négociation ne pourra avoir lieu que par voie de transfert sur les registres de la société, et les statuts pourront donner, soit au conseil d'administration, soit à l'assemblée générale, le droit de s'opposer au transfert.

Art. 51.

Les statuts détermineront une somme au-dessous de laquelle le capital ne pourra être réduit par les reprises des apports autorisés par l'article 48.

Cette somme ne pourra être inférieure au dixième du capital social.

La société ne sera définitivement constituée qu'après le versement du dixième.

Art. 52.

Chaque associé pourra se retirer de la société lorsqu'il le jugera convenable, à moins de conventions contraires et sauf l'application du paragraphe 1er de l'article précédent.

Il pourra être stipulé que l'assemblée générale aura le droit de décider, à la majorité fixée pour la modification des statuts, que l'un ou plusieurs des associés cesseront de faire partie de la société.

L'associé qui cessera de faire partie de la société, soit par l'effet de sa volonté, soit par suite de décision de l'assemblée générale, restera tenu, pendant cinq ans, envers les associés et envers les tiers, de toutes les obligations existant au moment de sa retraite.

Art. 53.

La société, quelle que soit sa forme, sera valablement représentée en justice par ses administrateurs.

Art. 54.

La société ne sera point dissoute par la mort, la retraite, l'interdiction, la faillite ou la déconfiture de l'un des associés; elle continuera de plein droit entre les autres associés.

TITRE IV

DISPOSITIONS RELATIVES A LA PUBLICATION DES ACTES DE SOCIÉTÉ.

Art. 55.

Dans le mois de la constitution de toute société commerciale, un double de l'acte constitutif, s'il est sous seing privé, ou une expédition, s'il est notarié, est déposé au greffe de la justice de paix ou du tribunal de commerce du lieu dans lequel est établie la société.

A l'acte constitutif des sociétés en commandite par actions et des sociétés anonymes, sont annexées : 1º une expédition de l'acte notarié constatant la souscription du capital social et le versement du quart ; 2º une copie certifiée des délibérations prises par l'assemblée générale dans les cas prévus par les articles 4 et 24.

En outre, lorsque la société est anonyme. on doit annexer à l'acte constitutif la liste nominative, dûment certifiée, des souscripteurs, contenant les noms, prénoms. qualités, demeure et le nombre d'actions de chacun d'eux.

Art. 56.

Dans le même délai d'un mois, un extrait de l'acte constitutif et des pièces annexées est publié dans l'un des journaux désignés pour recevoir les annonces légales.

Il sera justifié de l'insertion par un exemplaire du journal certifié par l'imprimeur, légalisé par le maire et enregistré dans les trois mois de sa date.

Les formalités prescrites par l'article précédent et par le présent article seront observées, à peine de nullité, à l'égard des intéressés ; mais le défaut d'aucune d'elles ne pourra être opposé aux tiers par les associés.

Art. 57.

L'extrait doit contenir les noms des asso-

ciés autres que les actionnaires ou commanditaires ; la raison de commerce ou la dénomination adoptée par la société et l'indication
du siége social ; la désignation des associés
autorisés à gérer, administrer et signer pour
la société ; le montant du capital social et le
montant des valeurs fournies ou à fournir par
les actionnaires ou commanditaires ; l'époque
où la société commence, celle où elle doit
finir, et la date du dépôt fait aux greffes de la
justice de paix et du tribunal de commerce.

Art. 58.

L'extrait doit énoncer que la société est en
nom collectif ou en commandite simple, ou
en commandite par actions, ou anonyme ou
à capital variable.

Si la société est anonyme, l'extrait doit
énoncer le montant du capital social en numéraire et en autres objets, la quotité à pré-
lever sur les bénéfices pour composer le fonds
de réserve.

Enfin, si la société est à capital variable,
l'extrait doit contenir l'indication de la somme
au-dessous de laquelle le capital social ne peut
être réduit.

Art. 59.

Si la société a plusieurs maisons de commerce situées dans divers arrondissements,
le dépôt prescrit par l'article 55 et la publication prescrite par l'article 56 ont lieu dans
chacun des arrondissements où existent les
maisons de commerce.

Dans les villes divisées en plusieurs arrondissements, le dépôt sera fait seulement au greffe de la justice de paix du principal établissement.

Art. 60.

L'extrait des actes et pièces déposés est signé, pour les actes publics, par le notaire, et pour les actes sous seing privé, par les associés en nom collectif, par les gérants des sociétés en commandite ou par les administrateurs des sociétés anonymes.

Art. 61.

Sont soumis aux formalités et aux pénalités prescrites par les articles 55 et 56 :

Tous actes et délibérations ayant pour objet la modification des statuts, la continuation de la société au delà du terme fixé pour sa durée, la dissolution avant ce terme et le mode de liquidation, tout changement ou retraite d'associé et tout changement à la raison sociale.

Sont également soumises aux dispositions des articles 55 et 56, les délibérations prises dans les cas prévus par les articles 19, 37, 46, 47 et 49 ci-dessus.

Art. 62.

Ne sont pas assujettis aux formalités de dépôt et de publication les actes constatant les augmentations ou les diminutions du capital social opérées dans les termes de l'article 48, ou les retraites d'associés, autres que les gérants ou administrateurs, qui auraient lieu conformément à l'article 52.

Art. 63.

Lorsqu'il s'agit d'une société en commandite par actions ou d'une société anonyme, toute personne a le droit de prendre communication des pièces déposées aux greffes de la justice de paix et du tribunal de commerce, ou même de s'en faire délivrer à ses frais expédition ou extrait par le greffier ou par le notaire détenteur de la minute.

Toute personne peut également exiger qu'il lui soit délivré, au siége de la société, une copie certifiée des statuts, moyennant payement d'une somme qui ne pourra excéder 1 franc.

Enfin, les pièces déposées doivent être affichées d'une manière apparente dans les bureaux de la société.

Art. 64.

Dans tous les actes, factures, annonces, publications et autres documents *imprimés* ou *autographiés* émanés des sociétés anonymes ou des sociétés en commandite par actions, la dénomination sociale doit toujours être précédée ou suivie immédiatement de ces mots écrits lisiblement en toutes lettres : *Société anonyme ou Société en commandite par actions*, et de l'énonciation du montant du capital social.

Si la société a usé de la faculté accordée par l'article 48, cette circonstance doit être mentionnée par l'addition de ces mots : *à capital variable*.

Toute contravention aux dispositions qui

précèdent est punie d'une amende de 50 fr.
à 1,000 francs.

Art. 65.

Sont abrogées les dispositions des articles 42, 43, 44, 45 et 46 du Code de commerce.

TITRE V.

DES TONTINES ET DES SOCIÉTÉS D'ASSURANCES.

Art. 66.

Les associations de la nature des tontines, et les sociétés d'assurances sur la vie, mutuelles ou à primes, restent soumises à l'autorisation et à la surveillance du Gouvernement.

Les autres sociétés d'assurances pourront se former sans autorisation. Un règlement d'administration publique déterminera les conditions sous lesquelles elles pourront être constituées.

Art. 67.

Les sociétés d'assurances, désignées dans le paragraphe 2 de l'article précédent, qui existent actuellement, pourront se placer sous le régime qui sera établi par le règlement d'administration publique, sans l'autorisation du Gouvernement, en observant les formes et les conditions prescrites pour la modification de leurs statuts.

Délibéré en séance publique, à Paris, le 13 juin 1867.

> *Le président,* Schneider; *les secré-*
> *taires,* baron Lafond de Saint-
> Mür, de Guilloutet, Mège, comte
> W. de la Valette.

COMMENTAIRE

La loi reconnaît deux natures de Sociétés :

Les Sociétés *civiles*,

Les Sociétés *commerciales*.

Parmi les premières se trouvent comprises les plus importantes peut-être et les plus utiles de nos associations, les Sociétés *minières*, qui fournissent à notre industrie la plus grande partie de ses matières premières les plus nécessaires, et la dispensent d'être tributaire de l'étranger pour ses principaux besoins.

Nous nous joindrons donc aux regrets qu'a exprimés devant la Chambre

M. L. Javal, et nous commencerons par reprocher à la loi d'avoir laissé de côté les Sociétés *civiles*. Comme les intérêts qui ne sont pas satisfaits s'agitent dans le malaise jusqu'à ce qu'ils aient reçu satisfaction, nous sommes persuadé que cette omission amènera tôt ou tard la révision de la loi ; mais, comme le disait ce député, *il eût mieux valu attendre pour faire un travail complet et définitif, que d'être exposé à refaire et à replâtrer sans cesse l'édifice de nos lois commerciales.*

Puisque ces sages paroles n'ont pas été entendues, examinons la loi telle qu'elle nous est donnée :

Elle ne s'occupe même pas de toutes les Sociétés *commerciales*.

Ainsi que nous l'avons dit en tête de ce travail, le Code de commerce reconnaît quatre espèces de Sociétés *commerciales* : la Société *en nom collectif*, la Société *en commandite*, la Société *anonyme* et l'association *en participation*.

Parmi elles, la nouvelle loi ne s'occupe que de celles qui peuvent diviser leur capital en actions : ce sont la Société en commandite et la Société anonyme.

Avant d'entrer dans l'examen de ses dispositions, nous croyons utile de bien préciser le caractère des deux espèces de Sociétés qu'elle est appelée à réglementer. Cela nous amènera à faire apprécier son but, et à exposer l'historique de la législation qui l'a précédée.

D'après le Code de commerce, — art. 30 à 37, — la Société *anonyme* n'est qu'une association de capitaux réunis dans le but de féconder une entreprise ; — toutes les individualités qui la composent, soit comme administrateur, soit comme bailleur de fonds, disparaissent et s'effacent derrière l'être moral appelé Société ; — ni les uns, ni les autres ne contractent aucune obligation personnelle en raison des engagements sociaux ; — ils partagent les bénéfices s'il y en a, et, dans le cas contraire, ne sont tenus qu'au sacrifice de ce qu'ils ont versé ou promis de verser dans la

Société ;— en conséquence, les tiers qui traitent avec elle se trouvent en présence, non d'individus, mais d'un capital au delà duquel il n'y a ni responsabilité, ni solidarité.

Dans ces conditions, les rédacteurs du Code de commerce, qui se préoccupaient de sauvegarder les intérêts des tiers (1), avaient jugé utile — art. 37 — de soumettre à l'approbation du gouvernement l'acte qui constitue ces Sociétés.

Par suite de cette disposition, avant de donner son autorisation, le Conseil d'Etat, sur le rapport du ministre du commerce, examine si les dispositions des statuts et même la moralité des fondateurs présentent aux tiers des garanties suffisantes de bonne et morale administration ; — si le but de l'entreprise n'est pas une de ces témérités dans lesquelles le capital social doit s'engloutir ; — si les apports qui constituent une partie de la fortune de la Société

____

(1) Par *tiers*, il faut entendre non pas les actionnaires, mais ceux qui ont à traiter avec la Société et peuvent devenir ses créanciers.

ont véritablement la valeur qui leur est attribuée, et si la situation des souscripteurs d'actions en assure le versement, afin que les tiers qui contractent avec la Société et qui n'ont que son capital pour garantie de ses engagements, ne se trouvent pas en face d'un fantôme et d'une illusion. Enfin, il examine si les rémunérations attribuées aux administrateurs et aux fondateurs n'absorbent pas une partie de ce capital.

Mais on comprend que ce contrôle, institué dans l'intérêt de ceux qui doivent contracter avec la Société, est en même temps une sécurité pour les associés ou actionnaires, et qu'il les dispense d'examiner eux-mêmes les conditions de la constitution et du fonctionnement des Sociétés auxquelles le Conseil d'Etat a donné un *laissez-passer*.

Quant aux Sociétés en commandite, leur caractère est tout différent.

Elles sont formées entre :

— D'une part, un ou plusieurs individus chargés de gérer et d'administrer les intérêts sociaux *sous leur garantie personnelle* et dont elle porte le nom ;

— D'autre part, de simples bailleurs de fonds appelés *commanditaires*, qui n'engagent dans la Société qu'une somme déterminée; n'encourent aucune responsabilité solidaire en raison de ses engagements ; restent complètement étrangers à sa gestion; et, en cas de perte, ne sont tenus, — comme les membres des Sociétés anonymes, — que du sacrifice du capital qu'ils ont versé ou promis de verser ;

Ces Sociétés offrent aux tiers qui traitent avec elles une double garantie ;

— D'une part, la surface du gérant ou des gérants dont la responsabilité personnelle est engagée solidairement par tous les engagements sociaux, et qui incarnent la Société en eux ;

— D'autre part, la fortune sociale, c'est-à-dire le capital que les commanditaires se sont engagés à verser dans la Société et les autres apports qu'ils se sont engagés à y faire.

3.

Aussi les rédacteurs du Code n'avaient-ils pas cru devoir entourer la constitution de ces Sociétés des mêmes précautions que celle des Sociétés anonymes. Ils se sont contentés d'exiger que cette double garantie fût parfaitement connue des tiers qui peuvent avoir à traiter avec la Société; qu'en conséquence des renseignements leur fussent donnés, au moyen d'une publicité spéciale (art. 42):

— D'une part, sur le nom des gérants solidairement responsables, sauf aux tiers à s'enquérir de leur solvabilité;

— D'autre part, sur le montant des valeurs fournies ou à fournir en commandite.

Du reste, les rédacteurs du Code avaient laissé aux associés la plus complète liberté au sujet des dispositions qui devaient régir leurs intérêts réciproques.

Aucune prescription soit au sujet de la division du capital, soit au sujet de l'émission ou de la négociation des actions ; aucune restriction pour la rémunération des apports sociaux.

Sur tous ces points, l'acte de société faisait seul la loi des parties.

Mais nous sommes ainsi faits que la liberté est toujours la source d'abus, et les abus sont toujours la source de malheurs publics.

Nous ne rappellerons pas les scandales auxquels donna naissance, pendant près de vingt années, cette liberté sans frein dont jouissaient les gérants et les fondateurs de Sociétés en commandite ; — ces apports fictifs ou d'une valeur plus ou moins contestable payés à des prix fabuleux ; — ces entreprises téméraires ou mal conçues engloutissant des capitaux considérables ; — ces distributions de dividendes fictifs, entamant chaque année une partie du capital commanditaire ; — ces administrations dépensières absorbant sans fruit le capital destiné aux opérations sociales ; — ces conseils de surveillance laissant faire, et ces assemblées générales, immoralement composées, accordant aux actes les plus répréhensibles un bill d'indemnité ; — ces actions négociées presque avant leur émission ou au moins avant un premier versement, — enfin l'épargne du peuple sollicitée à la spéculation par la coupure infinitésimale des actions.

De là des déceptions nombreuses, des pertes irrémédiables et des ruines désastreuses.

Après de trop nombreuses épreuves de ce genre, les Sociétés en commandite finirent par tomber dans un discrédit mérité, et l'esprit d'association dans le découragement.

C'est alors, et quand déjà le sens public avait fait justice de ces abus, que le législateur crut devoir intervenir pour y mettre un frein tardif, et que fut édictée la loi des 17-23 juillet 1856. Elle avait pour but de sauvegarder les intérêts des actionnaires dans les Sociétés en commandite et de les protéger contre les imprudences, les avidités ou les fraudes des gérants et des fondateurs.

Mais, comme toutes les lois de réaction, celle-là dépassa le but.

Pour empêcher la spéculation sur les actions de ces Sociétés, la loi mit à leur négociation et à la création des titres au porteur des entraves telles qu'il devint à peu près impossible de trouver des souscripteurs.

Pour empêcher les fraudes de la part des gérants, elle exigea l'institution, auprès de chaque Société en commandite, de conseils de surveillance; et pour forcer ces conseils à remplir consciencieusement leur mandat, elle leur imposa des responsabilités pécuniaires et pénales capables d'effrayer tout homme prudent et circonspect.

En même temps elle laissait subsister, à leur égard, une disposition de la loi antérieure qui proclame responsable solidairement des engagements sociaux, tout associé commanditaire qui s'immisce dans la gestion.

De sorte que les membres des conseils de surveillance, — comme les anciens navigateurs qui passaient entre

Charybde et Sylla, — étaient exposés :

D'une part, à des pénalités sévères s'ils ne surveillaient pas de très près les actes du gérant ;

D'autre part, à une solidarité pleine de périls, s'ils surveillaient ses actes d'assez près pour paraître s'immiscer dans la gestion.

C'était rendre presque impossible la constitution de ces conseils, et la loi proclamait en même temps la nullité de toute Société en commandite qui n'en serait pas pourvue.

Il y avait là une impasse.

Mais à côté de ces précautions excessives, la loi avait laissé une porte toute grande ouverte à la fraude, en ne prenant aucune disposition pour assurer la sincérité de la composition des assemblées générales. Il fut possible, ainsi, d'y introduire des actionnaires complaisants, qui pesaient sur les délibérations de ces assemblées ; et leur approbation couvrant les actes irréguliers du gérant, la plupart des dispositions restrictives de la loi purent être éludées.

Le titre 1ᵉʳ de la nouvelle loi a pour but de remédier aux exagérations et de combler les lacunes que nous venons de signaler.

C'est donc comme une édition *revue, corrigée et augmentée* de la loi des 17-23 juillet 1856.

Lors de la discussion générale devant le Corps législatif, M. Ollivier a demandé pour toutes les Sociétés la liberté la plus entière et la plus radicale, prétendant qu'il fallait les laisser maîtresses de se régir à leur guise et de s'imposer à elles-mêmes leurs règles par leurs statuts, parce que les intérêts privés sauraient bien veiller eux-mêmes quand ils ne seraient plus sous la tutelle de la loi et du Gouvernement.

C'était supprimer complètement la loi des 17-23 juillet 1856, au lieu de la corriger, et nous ramener purement et simplement au régime du Code de commerce, en l'étendant même aux Sociétés anonymes.

Nous avons fait, pendant de longues années, la triste expérience de ce régime, limité aux Sociétés en commandite ; son résultat n'a pas été d'engager les capitaux à devenir vigilants en cherchant à se protéger eux-mêmes, mais de les rendre défiants en les éloignant d'une voie où ils ne se sentaient pas protégés.

Le retour au régime primitif, en l'étendant aux Sociétés anonymes, eût eu pour résultat de paralyser davantage l'esprit d'association en lui fermant même la voie de l'anonymat.

Nous croyons dès lors devoir applaudir au rejet de cette proposition.

Arrivons maintenant à l'examen de la loi.

Nous le ferons aussi rapide que possible, au point de vue non du jurisconsulte, mais de l'homme d'affaires, en n'oubliant pas que le but de la loi, annoncé par l'exposé des motifs et par le rapport de la Commission, était de ramener l'esprit public vers l'association, d'inspirer confiance aux capitaux stériles depuis plusieurs années, de les encourager à féconder de nouveau l'esprit d'entreprise en leur donnant la sécurité.

TITRE PREMIER

Des Sociétés en commandite par actions

Article 1er

L'article 1er interdit les coupures des actions au-dessous de cent francs, quel que soit le capital social, et au-dessous de 500 francs quand le capital est supérieur à 200,000 francs.

C'est la reproduction des dispositions de l'article 1er de la loi de 1856 et d'une autre loi postérieure, celle de 1863, sur les Sociétés à responsabilité limitée, dont nous parlerons quand nous traiterons de la Société anonyme.

Cette interdiction a pour but d'empêcher que la spéculation vienne atteindre l'épargne du peuple.

Certes, le but est louable.

Mais le moyen n'est-il pas exagéré ? n'est-il pas même illogique ?

Qu'on ait fixé une limite à la coupure des actions; nous le comprenons. Avant la loi de 1856, on avait vu créer des actions de 5 francs et même de 1 franc qui se négociaient par paquets dans les couloirs de la Bourse.

L'action était devenue un billet de loterie, un instrument d'alea, un sujet de surexcitation de l'esprit d'aventure.

On a eu raison d'interdire ces coupures infinitésimales et de ramener l'action à son véritable caractère.

Mais pourquoi cette différence dans le fractionnement des actions suivant l'importance du capital de la Société?

Puisqu'on a jugé que la coupure de 100 francs était une limite suffisante pour constituer un intérêt réel dans une Société, pourquoi l'interdire à celles dont le capital est supérieur à 200,000 francs?

C'est, a-t-on dit, parce que les coupures de 100 francs sont accessibles aux petits capitaux; qu'il faut défendre les gros sous contre les séductions de la spéculation, et que les pièces de cent sous sauront se défendre d'elles-mêmes.

Nous n'admettons pas cette distinction; nous pensons que le législateur doit veiller sur tous avec une égale sollicitude; l'épargne de 500 francs est aussi respectable et ne doit pas plus être compromise au vent de la spéculation que celle de 100 francs. L'une comme l'autre constitue la richesse du pays.

Mais, en outre, nous ne voyons pas pourquoi elle serait plus exposée dans une Société à capital élevé que dans une Société à capital restreint.

Chacune de ces Sociétés peut avoir également pour but une entreprise bien ou mal conçue, chacune peut être bien ou mal gérée, chacune peut également donner des bénéfices ou des pertes.

Le succès et la réussite ne sont pas

l'apanage exclusif des Sociétés à petit capital, et l'on en a vu beaucoup sombrer en même temps qu'on a vu des Sociétés à capital considérable donner des bénéfices magnifiques à leurs actionnaires.

Nous pourrions citer certaines Compagnies de chemins de fer, d'assurances, de banque, dont les actions ont plus que doublé de valeur.

Pourquoi en interdire l'accès aux petits capitaux et les priver de prendre part à ces avantages?

Pourquoi créer des castes, les unes libres sous le prétexte qu'elles ne méritent pas l'intérêt du législateur, les autres entravées sous le prétexte de protection et de tutelle?

On a dit : Le motif de cette différence, c'est que les Sociétés à capital considérable peuvent être matière à spéculation sur la hausse et la baisse, et qu'il faut sauvegarder les petites bourses contre ces séductions.

Et c'est grâce à cette fantasmagorie de l'agiotage que, depuis dix ans, on a maintenu dans trois lois importantes, en 1856, en 1863, en 1867, cette anomalie de coupures différentes suivant l'importance du capital.

Mais il n'est pas vrai que les Sociétés à capital considérable soient plus que les autres les instruments de l'agiotage et de la spéculation.

Qu'elles l'aient été d'une manière scandaleuse avant la loi de 1856, nous le reconnaissons ; la coupure infinitésimale des actions, la faculté de les émettre au porteur avant tout versement, l'absence de tout contrôle de la valeur réelle des prétendus apports, en faisaient d'excellents instruments de jeu, et donnaient toutes facilités à l'agiotage de mauvais aloi. La formation d'une Société pouvait n'être qu'un prétexte à une émission de titres dont personne ne vérifiait la valeur réelle, sur lesquels les fondateurs ne versaient rien ou que peu de chose, et dont ils se débarrassaient ensuite avec prime, après les avoir fait mousser au moyen de la réclame.

Voilà les scandales que nous avons vus.

Mais la loi de 1856, et après elle la loi qui nous occupe, posent des barrières et s'opposent au retour de ces abus; elles mettent des conditions sérieuses à la négociation des actions et à la création des titres au porteur. Elles font de l'action un titre d'une valeur certaine, dont la moralité est vérifiée mûrement par les intéressés eux-mêmes ; elles entourent sa création, son émission, sa négociation , de garanties telles qu'elle croit devoir supprimer, pour les Sociétés anonymes, le contrôle de l'Etat.

Dès lors, puisque la loi ferme à la fraude et à l'agiotage de mauvais aloi la porte des Sociétés, aussi bien de celles à capital considérable que de celles à capital restreint, à quoi bon défendre aux petits capitaux l'accès des unes ou des autres ?

Nous l'avons dit : c'est le résultat d'une fantasmagorie, de craintes non raisonnées, et de l'évocation irréfléchie des souvenirs d'un passé dont on a empêché le retour.

Pour nous, qui pensons que la fortune de la France est intéressée au réveil de l'esprit d'association, au retour des capitaux de l'épargne vers cette source féconde de la richesse publique, nous regrettons qu'après avoir ainsi moralisé l'action commanditaire, après avoir pris toutes les précautions pour qu'elle ne pût pas être un instrument de jeu et de spéculation déshonnète, la loi n'ait pas permis à toutes les Sociétés de diviser leur capital en actions de 100 francs. Nous le regrettons, parce qu'elle a ainsi fermé l'accès des grandes Sociétés aux petits capitaux, et que les petits capitaux forment la masse ;— que leur intervention eût souvent facilité la création d'entreprises utiles qui sont peut-être condamnées à ne pas voir le jour ;—qu'en démocratisant l'esprit d'association, elle eût empêché la suprématie et l'omnipotence des féodalités financières ;—que l'appel aux petits capitaux dans la formation des Sociétés, aurait eu le même résultat que dans les emprunts publics ; — enfin, parce que, grâce aux précautions prises par la loi, cette intervention eût été sans danger pour eux.

Nous aurions donc désiré que cet article eût dit seulement :

« Les Sociétés ne pourront diviser « leur capital en actions moindres de « 100 francs. »

Et nous avons l'espoir qu'on en aririvera là, lors de la révision de la loi.

Le dernier paragraphe de cet article ne se trouvait pas dans la loi du 17-23 juillet 1856, de sorte qu'on s'était demandé si, d'après l'article 1325 du Code civil, il n'était pas nécessaire que les actes des Sociétés sous seing privé fussent faits en autant d'originaux qu'il y avait de souscripteurs d'actions.

La jurisprudence avait même été appelée à se prononcer sur cette question, et elle avait décidé, notamment un arrêt de la Cour impériale de Caen, que l'engagement synallagmatique de l'actionnaire et de la Société résultait de l'adhésion aux statuts faite par acte séparé.

La question est maintenant tranchée par la loi elle-même.

Articles 2 et 3

Nous venons d'exprimer le regret que le législateur de 1867 n'eût pas modifié les précautions exagérées, prises contre la spéculation et l'agiotage par la loi de réaction des 17-23 juillet 1856.

Dans les articles 2 et 3, il a fait un pas dans cette voie et a affranchi quelque peu l'action des entraves que lui avait imposées la loi de 1856 ; mais nous trouvons qu'il est resté bien en deçà des limites qu'il eût dû franchir.

Ces articles s'occupent de la négociation des actions et de la conversion des titres nominatifs en titres au porteur.

Avant la loi de 1856, l'action pouvait être créée *au porteur*; elle pouvait être négociée aussitôt après la constitution de la Société et sans qu'aucun versement eût été fait par les souscripteurs.

Il était donc possible, avec un peu d'habileté et en sachant manier la réclame, de négocier *avec prime* des actions sur lesquelles il n'avait été fait aucun versement.

Les porteurs, à leur tour, ouvrant les yeux trop tard sur les mensonges de la réclame, refusaient le premier versement en faisant le sacrifice de la prime payée, de sorte qu'une Société pouvait naître et mourir sans qu'aucun versement eût été fait sur le capital pompeusement annoncé.

Pour empêcher la continuation de ces scandales, la loi de 1856 a dit d'abord — que les actions ne pourraient être négociées qu'après le versement des deux cinquièmes, — ensuite qu'elles ne pourraient être converties en actions au porteur tant qu'elles n'auraient pas été entièrement libérées, — enfin que les souscripteurs, bien qu'ayant cédé leurs actions, seraient responsables de leur payement intégral.

C'était aller trop loin et mettre un obstacle sérieux à la formation des Sociétés par actions.

Il peut arriver, en effet, que la Société, constituée après le versement du quart de son capital, trouve dans ce premier versement les ressources suffisantes pour donner à ses opérations tout le développement dont elle a besoin, et qu'en conséquence elle ne fasse aucun appel ultérieur sur le capital souscrit ; c'est ce qui est arrivé, entre autres, à un très grand nombre de Sociétés d'assurances contre l'incendie.

Voilà donc des titres immobilisés dans la main des souscripteurs pour toute la durée de la Société.

Mais ne mettons pas les choses au pire. Supposons qu'on fasse un deuxième appel jusqu'à concurrence des 2|5 ou au delà ; les titres deviennent transmissibles, mais ils restent *nominatifs* jusqu'à leur entière libération.

Or il peut arriver très souvent que la Société n'ait jamais besoin de tout son capital ; que le versement de moitié ou des trois quarts suffise amplement au développement de ses opérations.

Voilà des titres qui, pendant toute la durée de la Société, ne pourront être cédés qu'au moyen d'un transfert inscrit sur les registres ; ils seront dès lors d'une transmission difficile et, vu cette difficulté, se négocieront à un prix moindre et auront bien moins de cours que des actions *au porteur* d'une valeur intrinsèque égale ou même inférieure.

Enfin la responsabilité imposée au souscripteur, même après la cession du titre, était un obstacle à sa transmission jusqu'à sa complète libération. Cette rigueur de la loi de 1856 était donc une seconde impasse pour les fondateurs de Sociétés en commandite par actions.

Car comme l'expliquaient l'exposé des motifs de la nouvelle loi et le rapport de la Commission, bien des capitalistes consentent à s'engager dans une affaire, mais non pas pour un temps indéfini; ils prévoient des événements, des placements même qui pourront exiger la disponibilité de leurs capitaux. D'autres, entrés dans la Société au moment où elle se constitue, avec l'intention d'y rester, peuvent être obligés, par des événements imprévus, de faire argent de leurs actions.

Il faut donc, si l'on veut attirer le capital vers l'association, favoriser autant que possible la transmissibilité de l'action.

Sans cela le capital cherchera d'autres placements où il ne soit pas immobilisé; ou même il préférera rester improductif, soit dans les caves de la Banque, soit dans les caisses de dépôt, où il conservera sa disponibilité, plutôt que de s'engager pour un temps indéfini dans une association, quelque avantageuse qu'elle paraisse d'ailleurs.

Quant au capital qui aime à s'immobiliser, il cherchera des placements plus sûrs, comme la propriété immobilière, l'hypothèque, l'obligation.

La loi des 17 - 23 juillet 1856 avait donc pour résultat inévitable d'éloigner le capital de l'association.

Aussi M. Denière, dans les remarquables discours qu'il a prononcés en 1860 et 1861, lors de l'installation des juges consulaires dont il était le président, n'a-t-il cessé de constater avec une certaine amertume la diminution constante des constitutions de Sociétés nouvelles, et de signaler comme funeste à la prospérité publique l'état de marasme dans lequel était tombé l'esprit d'association.

Il était dès lors nécessaire d'adoucir la rigueur des dispositions de la loi des 17 - 23 juillet 1856.

La nouvelle loi a donc dit :

1° Que l'action serait *négociable* après le versement du quart, au lieu des deux cinquièmes qu'exigeait la loi de 1856.

En effet, l'action a vie et devient un titre par la constitution de la Société.

Or, la constitution a lieu après le versement du quart.

2 Que l'action pourrait *être convertie en titre au porteur* après avoir été libérée de moitié, au lieu de la totalité qu'exigeait la loi de 1856.

Mais ici l'on se trouvait en présence de deux intérêts d'un autre ordre, — celui de la Société elle-même et celui des tiers;

L'intérêt de la Société, car il est important pour elle que le versement de son capital soit complété lorsque l'extension de ses opérations l'exige ; et si le capital sur lequel elle a droit de compter lui fait défaut au moment du besoin, l'entreprise la mieux conçue peut rester en route faute d'aliment;

L'intérêt des tiers ; car le capital social, c'est la fortune de la Société, c'est la limite de son crédit. Ceux qui contractent avec elle ont dû compter que ce capital, qui forme leur garantie, serait intégralement versé.

Or, si l'on permet de convertir les actions en titres au porteur avant leur libération intégrale, comment atteindre les porteurs inconnus pour les contraindre à parfaire le paiement de leur action, dans le cas où les versements antérieurs seraient absorbés.

Il suffira que le crédit de la Société se trouve un instant ébranlé, ou même que les événements politiques entrent dans une de ces phases où le capital s'effraie, — il suffira d'un nuage à l'horizon politique ou commercial, — pour que la plupart des porteurs d'actions aiment mieux se laisser exproprier de leurs titres que de compléter leur libération.

Au contraire, tant que le titre est nominatif, onpeut poursuivre le titulaire pour le contraindre à parfaire le versement intégral.

Pour satisfaire à ce double intérêt, la loi a imposé à la conversion des actions une double condition :

1° Les actions ne pourront être converties en titres au porteur après libération de moitié, qu'autant que cette faculté aura été inscrite dans l'acte de Société.

C'est bien ; de cette manière, ceux qui souscrivent des actions dans une Société dont les statuts ne portent pas cette réserve, savent à l'avance que leurs titres resteront nominatifs jusqu'à leur entière libération ;

D'un autre côté, les tiers qui contractent avec une Société dont les statuts portent la faculté de convertir les actions en titres au porteur après leur libération de moitié, savent à l'avance que leur débiteur ne mérite qu'un crédit limité, puisque les actions pourront cesser d'être nominatives après le versement de la moitié du capital, et que le versement du surplus, après la conversion en actions au porteur, présente quelques chances douteuses ;

2° Cette conversion des actions en titres au porteur, après libération de moitié, n'aura lieu qu'avec l'approbation de l'assemblée générale.

Bien encore ; l'assemblée générale examinera si cette conversion ne peut pas ou entraver sa marche ou compromettre son crédit, en rendant plus douteux le versement du surplus ; elle sera juge de l'opportunité et pèsera en connaissance de cause—d'une part l'intérêt collectif qui est opposé à la conversion ; — d'autre part l'intérêt individuel de chacun de ses membres, qui a avantage à la conversion.

Mais la loi ajoute :

3° Que les souscripteurs primitifs et ceux auxquels ils ont cédé leurs actions avant le versement de moitié restent tenus au payement du montant de leurs actions pendant un délai de deux ans, à partir de la délibération de l'assemblée générale.

Ici nous cessons d'applaudir, et nous déplorons amèrement cette disposition.

Avant d'en discuter le mérite, rendons-nous compte de sa portée.

Quelle a été l'intention du législateur ?

D'empêcher que les souscripteurs des actions, après avoir fait leur premier versement du quart, ne les cèdent à des

hommes de paille pour éviter de satisfaire aux appels ultérieurs ;

Par conséquent, d'empêcher que les
tiers qui ont eu confiance dans la Société, qui ont traité avec elle sur la foi
du versement intégral du capital, ne se
trouvent en présence d'une caisse vide
et de souscriptions illusoires.

Le but est moral, soit.

Mais le moyen n'est-il pas exagéré?

N'est-il pas injuste et illogique?

Examinons.

Nous sommes, vous et moi, souscripteurs chacun d'une action de 500 fr.,
dans une même Société.

Si je cède la mienne après le versement du premier quart, je reste responsable du paiement des trois autres
quarts.

Si vous cédez la vôtre après le versement de moitié, vous êtes libre de
tout engagement.

Est-ce juste ?

Pour être logique, n'eût-il pas fallu,

dire, comme la loi de 1856 : Que les souscripteurs d'actions seront tenus du montant intégral, à quelque époque qu'ils les aient cédées,

Ou qu'ils ne seront tenus que jusqu'à concurrence du versement de moitié ?

En effet, pourquoi la différence ?

Parce qu'il est à craindre que je n'aie fait ma cession dans une intention frauduleuse, tandis qu'il est à supposer que vous avez fait la vôtre sans penser à mal ?

Mais c'est tout le contraire.

J'ai cédé la mienne avant le deuxième appel, par conséquent lorsque le premier versement n'était pas épuisé, lorsqu'on pouvait être encore dans les illusions du début ;

Vous avez cédé la vôtre quand la marche de la Société s'était plus nettement dessinée; quand le deuxième versement était près d'être épuisé ; quand la menace d'un troisième appel pouvait faire craindre que le capital tout entier ne suivît la même voie.

Si l'un de nous deux peut être suspecté d'avoir voulu se débarrasser de son action afin d'échapper aux versements ultérieurs, c'est vous plutôt que moi.

Et cependant, c'est vous que la loi exonère en me laissant tout le fardeau.

Nous l'avons dit : ce n'est pas logique.

Mais continuons.

J'ai souscrit une action dans une Société naissante ; elle marche bien à ses débuts ; et ayant besoin de réaliser, je vous ai cédé, de très bonne foi, mon action sur laquelle il n'a été fait que le premier versement du quart ; vous l'avez transmise à votre tour dans les mêmes conditions.

Une année calamiteuse arrive et une partie du capital se trouve absorbée ; le propriétaire actuel de l'action s'en débarrasse sur un homme de paille.

Puis il s'en lave les mains.

Il ne pourra pas être inquiété lui le cédant de mauvaise foi.

Qui sera poursuivi ?

Vous et moi, qui avons cédé de bonne

bonne foi quand la Société était *in bonis*, quand rien ne pouvait faire prévoir une catastrophe.

En effet, la loi dit que les souscripteurs primitifs et *ceux à qui ils ont cédé* leurs actions avant la libération de moitié seront tenus jusqu'au paiement intégral.

Mais elle ne parle pas des cessionnaires ultérieurs.

Or les responsabilités sont de droit strict, *rigores restringendi.*

La responsabilité s'arrête donc au souscripteur et au premier cessionnaire.

Est-ce juste ?

Nous ne le pensons pas.

Pour être logique, le législateur eût dû dire que tous ceux entre les mains desquels passera l'action avant sa libération de moitié seront tenus au payement intégral.

Mais cette disposition n'est pas seulement illogique, elle est irrationnelle.

Nous eussions compris qu'on eût dit

que le souscripteur qui aliène son titre avant le versement de moitié, resterait responsable de ses versements ultérieurs pendant un certain délai, *à partir de la cession de son action*.

Et, suivant nous, ce délai eût dû être moindre de deux ans ; car il n'est pas à croire que le souscripteur prévoie, deux ans à l'avance, les fâcheux événements qui peuvent l'engager à faire une cession frauduleuse de son action.

Nous comprendrions encore qu'on eût fait courir le délai *à partir du jour où aura été fait l'appel du deuxième versement*, parce qu'on peut craindre que la cession de l'action n'ait lieu pour échapper à ce second versement.

Et, dans ce cas, le délai de deux ans nous paraîtrait encore exagéré.

Mais qu'on fasse courir le délai à partir de la délibération de l'assemblée générale *qui convertit l'action en titre au porteur*, il nous semble que cela n'a pas de raison d'être.

Car, quelle corrélation y a-t-il entre la cession du titre avant sa libération de moitié, et cette décision de l'assemblée générale ?

Nous n'en voyons pas.

Mais cette disposition n'est pas seulement illogique et irrationnelle, elle est encore inconséquente.

En effet, qu'a voulu le législateur ?

Adoucir les rigueurs de la loi antérieure ; rendre transmissible, après le versement du quart, l'action qui, d'après la loi de 1856, n'était transmissible qu'après le versement de moitié.

Or la responsabilite imposée au souscripteur qui aliène son action avant cette libération partielle, la frappe d'inaliénabilité entre ses mains, et le législateur lui reprend d'une main la faculté qu'il lui accordait de l'autre.

En effet, quel est le souscripteur qui osera aliéner son action, dans de pareilles conditions, avant le versement de moitié ?

Si les statuts n'ont pas accordé à

l'Assemblée générale la faculté de convertir l'action en titre au porteur, la délibération à partir de laquelle court la prescription de sa responsabilité n'aura jamais lieu, et, par conséquent, il restera tenu au paiement intégral pendant toute la durée de la Société.

Et si les statuts ont réservé cette faculté à l'Assemblée générale, mais qu'elle ne croie devoir en user qu'au bout de 10, de 20 ans, parce que, jusque-là, le second versement n'aura pas été nécessaire, ou pour toute autre cause, le souscripteur qui a aliéné son action restera pendant 10 ans, pendant 20 ans responsable du paiement intégral !

Ainsi, pendant tout ce temps, son cessionnaire touche les dividendes, s'il y en a; il profite de toutes les chances heureuses si la Société prospère; le souscripteur, qui a cédé son action, y reste complètement étranger.

Puis, au bout de 10 ou de 20 ans, la Société fait un deuxième appel, et au moment où il s'y attend le moins, quand il a même perdu le souvenir de cette affaire, quand il n'est nullement prêt à répondre à pareille demande, la Société, ou ses créanciers, viennent exiger de lui le versement auquel son cessionnaire ne peut satisfaire, et le poursuivent, *ultrà vires*, pour l'y contraindre !

Et qu'on ne dise pas que c'est là une hypothèse imaginaire.

Car presque toutes les Sociétés d'assurances contre l'incendie, fondées il y a plus de 20 ans, n'ont encore fait l'appel que du premier quart.

Et il peut survenir telle circonstance extraordinaire qui, contrairement à toutes les prévisions, oblige l'une d'elles à faire l'appel du surplus de son capital.

Encore une fois, quel est le souscripteur qui voudra aliéner son action avant le versement de moitié pour courir de pareilles chances ?

Nous le répétons, cette responsabilité annule l'effet de la faculté accordée par la nouvelle loi de négocier les actions après le paiement du quart.

Le législateur n'a donc pas été conséquent avec lui-même.

Mais du moins cette disposition injuste, illogique, irrationnelle, inconséquente, se défend-elle par un caractère
d'absolue nécessité ?

Nullement ; la fraude qu'elle prétend
combattre n'a pas de raison d'être, et le
plus souvent *ne peut même pas* exister.
C'est donc une barrière élevée contre un
fantôme.

En effet, qu'a-t-on voulu empêcher ?

La cession à un *homme de paille*,
pour s'exonérer du paiement de l'action
sur laquelle un quart seulement a été
versé.

Mais d'abord de pareilles nécessités
de fraude sont bien rares à cette phase
de la Société. Quand sa constitution a
été entourée de toutes les précautions
que nous avons déjà vues et de celles
qui nous restent à voir encore, il est à
peu près impossible que la Société péri-
clite dès sa naissance, qu'on puisse prévoir son naufrage quand il n'y a encore

qu'un quart du capital versé et que le souscripteur puisse être à ce moment intéressé à faire le sacrifice de son premier versement pour échapper à l'accomplissement du surplus de son obligation.

Nous comprenons que la certitude de l'insuccès puisse se révéler et par conséquent que de pareilles tentations puissent se produire à une époque plus avancée de l'existence de la Société, quand la moitié du capital est absorbée ; mais dès les débuts de la Société, ce sera bien rare.

Or, précisément, le souscripteur qui cède son action après le versement de la moitié n'est pas responsable du surplus. Nous l'avons dit.

Celui-là seul est responsable qui la cède avant le versement de moitié.

La loi a donc frappé à faux ; elle n'a pas atteint la fraude là où elle pourrait avoir lieu de se produire ; elle l'a prévenue là où elle n'est pas supposable, parce qu'elle n'a pas de raison d'être.

Mais il y a mieux ; c'est que le plus

souvent la fraude prévue, la négociation de mauvaise foi *ne peut* exister.

En effet, s'il s'agit d'une Société anonyme, la négociation de l'action nominative se fera et ne pourra même se faire que par l'entremise d'un agent de change.

Or la Chambre syndicale interdit à l'agent de faire connaître le nom de l'acheteur avant que le transfert soit inscrit sur les registres de la Société ;

Et le souscripteur qui a donné des ordres de vente à l'agent a dû en même temps lui remettre son titre, de sorte que le transfert s'opère arrière de lui;

Et s'il prétendait s'y opposer sous le prétexte qu'il a de mauvais renseignements sur la solvabilité de l'acheteur qui lui est présenté, il ne le pourrait pas;

Et cependant la loi le rend responsable de la solvabilité de cet acheteur qu'il n'a pas connu, qui même a pu lui être imposé malgré lui !

Et elle le rend responsable, non pas de sa solvabilité présente, mais de sa solvabilité future pendant plusieurs années !

N'est-ce pas monstrueux ?

En bonne justice, si quelqu'un devait être responsable, ce n'est pas le cédant de l'action, puisqu'il n'a pas connu le cessionnaire. C'est l'officier ministériel qui lui a procuré ce mauvais acheteur, et le lui a même imposé. Mais si celui-ci est responsable, que deviendront les charges d'agent de change, lorsque de pareilles négociations se font par millions ? S'il ne l'est pas, comment le souscripteur-vendeur peut-il l'être sans blesser toutes les règles de l'équité ?

Et ces injustices, ces monstruosités, ces incohérences, ces entraves à la fondation des Sociétés et au développement du principe d'association,

Dans quel but ?

Pour sauvegarder les intérêts des tiers, en assurant le versement de ce capital qui est leur garantie dans les Sociétés par actions.

Mais cela ne l'assure nullement.

Car les souscripteurs eux-mêmes ou la plupart d'entre eux peuvent être peu solvables ; ils peuvent n'avoir eu que tout juste l'argent nécessaire pour faire le premier versement du quart nécessaire pour la constitution de la Société.

Dans ce cas, où est la garantie des tiers qui ont compté sur le versement intégral du capital social ?

Pour que cette garantie existe sérieusement, il n'y a qu'un moyen : c'est de dire que la Société ne sera constituée qu'après le versement intégral des actions.

Du moment où le législateur sortait de cette voie, où il permettait que la Société fût constituée après le versement du quart, l'intérêt des tiers cessait d'être sauvegardé complètement ;

Et le versement intégral du capital ne pouvait être assuré par la responsabilité imposée au souscripteur après la négociation de son action.

Dès lors à quoi bon l'imposer ?

Pourquoi cette demi-mesure qui nuit

à la souscription des actions sans donner une garantie complète aux tiers?

Il fallait choisir entre deux systèmes :

Ou protéger efficacement les tiers, sauf à rendre presque impossible la formation des Sociétés par actions, en ne permettant leur constitution qu'après le versement intégral ;

Ou laisser les tiers se protéger eux-mêmes, en supprimant toutes les entraves apportées, dans leur intérèt, par la loi de 1856 à la formation des Sociétés par actions.

On a voulu transiger entre ces deux intérêts, louvoyer entre ces deux écueils, on n'a fait qu'une loi hybride, incomplète et inconséquente, impuissante à protéger les tiers, mais impuissante aussi à réveiller cet esprit d'association auquel nous devons les chemins de fer, les grands travaux publics, les grandes institutions de crédit, les assurances, toutes les entreprises grandioses et utiles qui ont fait la France riche et prospère entre les nations.

Article 4.

Cet article a pour but d'empêcher les
fondateurs de Sociétés de s'attribuer,
soit à même le capital social, soit dans
le partage des bénéfices, des rémunérations qui ne seraient pas la représenta-
tion réelle de la valeur de leurs apports.

Pour y parvenir, il ordonne que la
valeur des apports et les motifs des
avantages stipulés en faveur des fondateurs dans l'acte de Société, soient ap-
préciés par l'assemblée générale des actionnaires sur un rapport qui doit lui
être fait par une commission nommée
dans une première assemblée.

C'est la reproduction des dispositions
de l'article 4 de la loi des 17-23 juillet 1856.

Mais notre article ajoute : Que le
rapport sur lequel il devra être statué
par cette deuxième assemblée générale

sera imprimé et tenu à la disposition des actionnaires cinq jours au moins avant cette réunion.

De cette manière, le vote de l'assemblée ne peut être le résultat d'une surprise, puisque les actionnaires ont pu étudier à l'avance la question qui doit leur être soumise et s'édifier sur leurs intérêts.

Nous applaudissons à ces dispositions comme à toutes celles qui ont pour résultat de rendre confiance au capital et de le ramener vers l'association en sauvegardant les actionnaires contre les mensonges de la réclame et les entraînements irréfléchis.

Mais nous pensons qu'on n'eût pas dû maintenir celle de la loi de 1856, qui exige que la délibération relative à cette question de rémunération des apports soit prise par une majorité se composant du quart des actionnaires en nombre et représentant en somme le quart du capital social.

Comme plusieurs députés, hommes pratiques et ayant la connaissance usuelle des affaires, l'ont fait remarquer lors de la discussion de cette loi, cette majorité pouvait déjà être difficile à réunir sous l'empire de la loi de 1856, lorsque le rapport devait être fait aux actionnaires dans la réunion.

Or il y a lieu de croire d'abord que la plupart de ceux qui seraient venus à l'assemblée pour avoir connaissance du rapport, n'y viendront pas une fois que ce rapport leur sera connu;

Ensuite, que ceux qui s'abstiendront d'y venir sont précisément ceux qui n'ont aucune opposition à faire à l'approbation des statuts.

Dès lors, il deviendra plus difficile encore que sous l'empire de la loi de 1856, de réunir le nombre d'actionnaires nécessaire pour former la majorité exigée par cet article pour la constitution de la société, et les meilleures entreprises pourront ainsi avorter à leur naissance.

Encore ici, nous trouvons que la loi a été au delà des justes limites.

Il fallait sauvegarder les intérêts des actionnaires ; on l'avait fait en ordonnant que les avantages accordés par les statuts aux fondateurs seraient approuvés par l'assemblée générale et en prenant les précautions nécessaires contre toute surprise du vote de cette assemblée.

L'intérêt des actionnaires étant ainsi complètement satisfait, il fallait supprimer l'entrave apportée par la loi précédente à la formation des Sociétés, retrancher la disposition qui exige une majorité spéciale, et, en facilitant la formation des sociétés, donner ainsi satisfaction à un autre intérêt, celui du développement de la richesse publique par l'association.

Espérons que cela sera compris lors de la révision de la loi et qu'il sera dit :

Que la délibération sera prise à la simple majorité des membres présents.

Notre article ajoute :

Qu'à défaut d'approbation par l'assemblée générale des avantages stipulés par l'acte de Société en faveur des fondateurs, la Société reste sans effet à l'égard de toutes les parties.

Cette disposition avait été omise par la loi de 1856.

A un certain point de vue, elle est équitable : les fondateurs ont fait un apport moyennant certaines conditions ; la Société, représentée par l'assemblée générale, ne les accepte pas. Ils ont le droit de le reprendre et de faire accepter, s'ils le peuvent, leurs conditions par une autre Société.

D'un autre côté, la Société ayant été formée le plus souvent en vue de l'exploitation de cet apport, n'avait plus de raison d'être, une fois cet apport supprimé.

Mais il nous semble que cette disposition est trop absolue.

La loi dit aux actionnaires : Ou vous approuverez les stipulations de l'acte de Société, ou il n'y a rien de fait; c'est à prendre ou à laisser.

Et voilà des fondateurs qui eussent

pu se contenter d'avantages moindres, obligés de recommencer sur nouveaux frais cet effrayant travail et ces énormes dépenses qu'entraîne la formation d'une Société, travail et dépenses dont ne peuvent se faire idée ceux qui n'ont pas passé par ces épreuves ;

Voilà une Société qui eût pu prospérer en accordant aux apports des avantages moindres, obligée de se dissoudre; voilà des actionnaires privés des bénéfices qu'ils eussent pu espérer;

Voilà enfin une entreprise qui eût pu être utile et qui se trouve étouffée dans son germe.

Et qu'on ne dise pas que les fondateurs pourront former une autre Société à laquelle ils proposeront leurs apports à un moindre prix.

On ne trouve pas souvent des hommes assez énergiques pour ne pas se décourager, assez persévérants pour rouler ce rocher de Sisyphe et recommencer un travail et des dépenses une première fois perdus.

Il en est même beaucoup que la

crainte de l'insuccès pourra empêcher
de faire les premières tentatives, et
nous pourrions dire qu'il n'y a que des
hommes téméraires qui osent entre-
prendre de former des Sociétés, en présence de ces difficultés accumulées et
de ces chances d'insuccès.

D'ailleurs on a tout lieu de craindre
que, l'entreprise une fois déflorée par
ce premier avortement, la Société qu'on
tentera de former ne soit frappée de
déconsidération et que ses actions ne
trouvent plus de preneurs.

En outre, cette disposition peut avoir
un résultat tout opposé à celui prévu
par le législateur. Car il peut se faire
que les actionnaires ayant à opter entre
l'approbation pure et simple des stipulations de l'acte de Société et la
renonciation à une entreprise qui leur
présente quand même des chances de
bénéfices, approuvent, contraints et
forcés, ce qu'il eût été préférable pour
eux de modifier.

Nous eussions donc désiré que la loi
eût été moins absolue et qu'elle eût dit

que, dans le cas où l'assemblée générale n'approuverait pas les stipulations de l'acte de Société en faveur des fondateurs, ceux-ci auront le droit de proposer d'autres conditions, et de provoquer une nouvelle assemblée qui statuera sur un nouveau rapport.

Tous les intérêts eussent été ainsi sauvegardés, ceux des actionnaires comme ceux des fondateurs ; et la loi, édictée pour faciliter la formation des sociétés, n'eût pas menti à son but.

Notre article ajoute que l'approbation par l'assemblée générale des avantages stipulés par les fondateurs ne fait pas obstacle à l'action qui peut être intentée pour cause de dol ou de fraude.

Disposition nouvelle, inutile peut-être, mais qui peut servir à protéger davantage les actionnaires en inspirant un effroi salutaire aux fondateurs qui seraient tentés de spéculer sur leur bonne foi et leur crédulité.

Dès lors, quand les actionnaires sont ainsi à l'abri de la fraude, de la mauvaise foi, de la spéculation, de stipulations léonines ou même simplement trop avantageuses aux fondateurs, n'eût-on pas dû faire disparaître de la loi tout ce qui, en dehors de ces dispositions tutélaires, peut être une gêne à l'esprit d'initiative et d'entreprise ?

Nous nous sommes quelque peu appesanti sur l'examen des quatre articles qui précèdent, parce qu'ils ont d'autant plus d'importance qu'ils sont communs aux Sociétés en commandite et aux Sociétés anonymes.

Leurs dispositions, comme on l'a vu, ne sont autre chose que des précautions prises contre la fraude dans la constitution des Sociétés, dans la transmissibilité des actions, dans la rémunération des apports sociaux.

Bonnes ou mauvaises, exagérées ou non, elles devaient s'appliquer aussi bien aux Sociétés anonymes qu'aux Sociétés en commandite, du moment où le contrôle administratif n'était plus exigé pour la formation des premières.

Mais, à partir de ce point, la loi bifurque, pour ainsi dire.

Les dispositions qui suivent ont trait à l'administration des Sociétés. Or, cette administration diffère suivant le régime sous lequel elles sont constituées, les Sociétés en commandite étant administrées par un ou plusieurs gérants solidairement responsables des engagements sociaux, et les Sociétés anonymes étant administrées par des mandataires qui, en principe, ne contractent aucune obligation solidaire en raison de leur gestion.

Les règles légales relatives à leur administration doivent donc différer.

Aussi, pour être méthodique dans son classement, le législateur eût-il dû faire, des quatre premiers articles, un titre particulier intitulé :

De la constitution des Sociétés par actions;

Et placer au point où nous sommes le titre : *Des Sociétés en commandite.*

Pour nous, nous terminerons ici la première partie de notre commentaire, remettant à plus tard l'examen des dispositions spéciales aux diverses espèces de Sociétés.

Cependant il nous est impossible de clore ce travail sur les dispositions communes relatives à leur constitution sans rapprocher de l'article 4, que nous venons d'examiner, les articles 27 et 30 qui le complètent pour les Sociétés anonymes.

L'article 27, paragraphe 2, statue sur la composition des assemblées générales chargées de vérifier les apports, et dit que tout actionnaire aura droit de prendre part aux délibérations, *quel que soit le nombre des actions dont il est porteur.*

En effet, les statuts disent souvent que, pour assister aux assemblées générales, il faut être porteur d'un certain nombre d'actions et en excluent le *vile pecus* des petits actionnaires.

Cet article exige que, nonobstant de pareilles dispositions dans les statuts, tout actionnaire — même le simple souscripteur d'une action — puisse assister exceptionnellement aux assemblées générales qui ont pour but de vérifier les apports et puisse prendre part aux délibérations.

Cela est d'autant plus rationel qu'à ce moment la Société n'est pas encore constituée ; qu'en conséquence, les statuts ne sont pas encore en vigueur, et que dès lors l'article des statuts qui confère aux actionnaires porteurs d'un certain nombre d'actions, le mandat de représenter l'universalité ne peut encore recevoir son effet.

Cette disposition est logique en outre ; du moment où le législateur estime que le souscripteur d'actions n'est pas lié, — que le contrat n'est pas parfait entre lui et les fondateurs, — que l'effet de son adhésion est suspendu, tant qu'il n'a pas été mis à même de vérifier la valeur des apports, il est juste que tout souscripteur, quelle que soit l'importance de son intérêt, soit admis à faire cette vérification.

Elle est morale ; car elle empêche que

les petits actionnaires soient à la merci des gros souscripteurs, dont quelques-uns peuvent n'être pas sérieux ou avoir un intérêt indirect et latent dans le partage des rémunérations à attribuer aux apports. Elle rend difficile la création de majorités factices et assure la sincérité des délibérations dans des réunions appelées à sanctionner ou à annuler le contrat social.

Enfin, elle est utile du moment où le législateur a dit, dans l'article 4 et plus loin dans l'article 30, que la délibération sur la vérification des apports devait être prise par une majorité représentant une proportion déterminée des souscripteurs et du capital social. Car il peut être souvent plus que difficile de réunir cette majorité, si l'assemblée générale ne se compose que de têtes choisies.

Mais alors, si elle est à la fois rationnelle, équitable, morale et utile, nous nous demandons avec étonnement pourquoi cette disposition est-elle spéciale aù Sociétés anonymes ?

Ce qui est juste et bon pour elles, ne l'est-il pas pour les Sociétés en commandite ?

Le motif de cette distinction, nous ne le voyons pas, et nous croyons pouvoir dire qu'il n'y en a pas.

L'article ajoute que, dans ces assemblées, chaque actionnaire ne pourra avoir plus de dix voix, quel que soit le nombre des actions dont il est *porteur*.

Nous ferons remarquer d'abord que ce mot *porteur* est inexact. A ce moment, personne n'est *porteur* d'actions, puisqu'elles ne sont pas encore créées ; on n'est encore que *souscripteur*, et cette inadvertance dans l'expression prouve le peu d'attention qui a été apportée à la rédaction de la loi.

Mais, en outre, nous trouvons cette disposition injuste.

Elle a pour but d'empêcher que les petits actionnaires soient opprimés par les gros ; c'est moral, sans doute.

Mais il ne faut pas que cette préoccupation aille jusqu'à l'injustice et à la négation du droit.

Du moment où l'on donnait aux petits souscripteurs la faculté d'assister à l'assemblée, de débattre leurs intérèts et de prendre part à la délibération avec autant de voix qu'ils ont d'actions, on devait accorder la même faculté aux gros souscripteurs, sans quoi ce seront eux qui seront opprimés par les petits.

Non-seulement, dans la discussion, leur voix pourra être étouffée par le nombre des dissidents ; mais encore, dans le vote, leur droit ne sera pas proportionné à leur intérêt.

Et cependant, on a dit, et peut-être avec quelque raison, que c'est du côté des gros souscripteurs que se trouvent de préférence les lumières, l'habitude des affaires et la saine appréciation des choses.

Mais nous faisons abstraction de cette considération, et nous disons qu'au moins on devait tenir la balance égale entre les uns et les autres.

Or, on ne l'a pas fait, et dès lors cette disposition nous paraît mauvaise.

Mais enfin, puisqu'elle paraissait bonne au législateur, pourquoi ne l'a-t-il appliquée qu'aux Sociétés *anonymes*?

Mais ce n'est rien encore et il nous reste à montrer le législateur en contradiction formelle avec lui-même, dans l'article 30.

En effet, l'article 24 dit que les dispositions de l'article 4 sont applicables aux Sociétés anonymes.

Or, que prescrit l'article 4 ?

Que l'assemblée générale appelée à vérifier la valeur des apports soit composée d'un nombre d'actionnaires représentant au moins *le quart des souscripteurs*. — D'après l'article 30, pour la constitution des Sociétés anonymes, le nombre des membres présents est indéterminé.

D'après l'article 4, les actionnaires présents peuvent représenter seulement le quart du capital social. — D'après l'article 30, ils doivent en représenter au moins la moitié.

D'après l'article 4, si l'assemblée ne

réunit pas le quart des souscripteurs et ne représente pas le quart du capital, la Société est sans effet. — D'après l'article 30, si l'assemblée ne réunit pas le nombre prescrit, une seconde réunion est convoquée, et elle peut délibérer valablement si elle représente le cinquième du capital.

D'après l'article 4, la stipulation relative aux apports doit être approuvée, à peine de nullité de la Société, par cette majorité du quart en nombre et du quart en somme. — D'après l'article 30, il suffit qu'elle soit approuvée par la majorité de la réunion composée du cinquième du capital, par conséquent par une majorité représentant un dixième seulement du capital.

D'après l'article 4, ainsi que nous l'avons dit, il faut que les stipulations de l'acte de Société soient acceptées ou que la Société reste sans effet. Pas de milieu entre ces deux extrêmes. — L'article 30 paraît moins absolu ; il dit que « *les résolutions* adoptées par la « première assemblée deviennent dé-

« finitives si elles sont adoptées par la
« nouvelle assemblée composée, etc. »
Cette expression « les résolutions » nous
paraît laisser le champ ouvert à des modifications du pacte social, à des tran-
sactions entre les fondateurs et la Société qui ne se trouvent plus enfermés
dans le cercle fatal tracé par l'article 4.

Ainsi, voilà deux articles en contradiction formelle et perpétuelle, et cependant tous deux sont applicables con-
curremment pour la constitution des
Sociétés anonymes.

Quel chaos !

Il est évident que l'article 24 a voulu
dire que les trois premiers paragraphes
de l'article 4 sont applicables aux Sociétés anonymes, puisque c'est dans les
deux derniers paragraphes que se trouvent les divergences que nous venons
de signaler. — Mais il ne l'a pas dit.

Et ne trouvons-nous pas encore,
dans cette omission, dans cette rédaction inexacte et erronée, la preuve d'une

inattention fâcheuse, et la nécessité d'une prompte révision ?

Du reste, nous nous demanderons encore pourquoi les dispositions de cet article 30 sont spéciales aux Sociétés anonymes?

Certes, elles sont loin de satisfaire aux besoins de la pratique; elles exigent un délai d'au moins cinq semaines entre la première et la seconde assemblée, dans le cas où la première ne représente pas la moitié du capital. Or, en affaires, le temps est de l'argent, et de pareils délais, venant après tous ceux qu'a déjà exigés la souscription du capital, la nomination de la Commission chargée de vérifier la valeur des apports et la publication de son rapport, peuvent être très préjudiciables, peuvent être même, dans certaines circonstances, un obstacle formel à la constitution des meilleures et des plus morales Sociétés.

Nous eussions trouvé plus sage et plus conforme au but primitif de la loi, qui était de favoriser l'essor des Sociétés ; — nous sommes obligés de le répéter souvent, parce qu'on l'oublierait facilement en étudiant ses dispositions; —il eût été plus sage, disons-nous, de laisser les actionnaires maîtres d'eux-mêmes, après les avoir mis amplement en mesure d'apprécier et de défendre leurs intérêts. S'ils ne viennent pas à l'assemblée après qu'on leur en a ouvert les portes toutes grandes par la disposition qui autorise tous les souscripteurs à y assister, quel que soit le nombre de leurs actions; s'ils ne s'opposent pas à l'adoption des stipulations relatives aux apports, après qu'on leur en a fait connaitre et apprécier les clauses par la disposition qui ordonne de rendre public le rapport de la Commission; c'est, en définitive, parce qu'ils trouvent que leurs intérêts ne sont pas compromis par l'adoption de ces stipulations. Nous ne comprenons pas que la loi veuille les contraindre à venir débattre le rapport qui leur a été soumis, qu'elle les protège malgré eux comme des enfants mineurs, et que, sous le prétexte de cette tutelle forcée, elle impose, à la composition et au vote de l'assemblée, des conditions qui peuvent être des entraves à la constitution de la Société.

Nous eussions désiré, en conséquence, qu'on n'eût pas exigé la présence, à cette assemblée, d'un nombre d'actionnaires représentant un capital déterminé, ou qu'au moins on n'eût pas imposé un aussi long intervalle entre la première assemblée et la seconde, et qu'à cette seconde réunion, la délibération eût été valable, quels que fussent le nombre et l'intérêt des membres présents.

En effet, voyez-vous une société formée au capital de 20 millions, divisée en 40,000 actions, — et c'est loin d'être anormal, — dont le capital est éparpillé par toute la France, et qui ne peut délibérer valablement à la première réunion, si les membres représentent moins de 10 millions ; à la seconde, s'ils représentent moins de 2 millions ? N'y a-t-il pas bien des chances pour qu'elle ne puisse pas se constituer?

Cependant, tel qu'il est, l'article 30 apporte une amélioration considérable aux dispositions étrangement absolues de l'article 4. Il rend du moins possible, quoique très difficile encore, la constitution des Sociétés que les exigences de l'article 4 rendent à peu près impossible.

Mais alors, pourquoi n'avoir pas supprimé ces dispositions si fatalement et si inutilement rigoureuses de l'article 4 ? Pourquoi n'avoir pas donné les mêmes facilités pour la constitution des Sociétés en commandite que pour celle des Sociétés anonymes, qui doit au contraire être entourée de plus de précautions à cause du caractère d'irresponsabilité de ces Sociétés ?

Pourquoi? parce que cette malheureuse loi a été faite de pièces et de morceaux, comme un habit d'arlequin.

Pour faire le titre Ier sur les Sociétés en commandite par actions, on a pris la loi des 17-24 juillet 1856 dont on a quelque peu limé les aspérités.

Puis, pour faire le titre II sur les Sociétes anonymes, on a pris la loi sur les Sociétés à responsabilité limitée, qui avait déjà quelque peu adouci les rigueurs de la loi de 1856, et, en la remaniant un peu, on l'a adaptée aux Sociétés anonymes, sans aucunement se préoccuper de coordonner ces deux titres, de sorte que toutes ces dispositions chevauchent, sans ensemble, sans plan arrêté et sans parti pris.

Nous terminerons donc cette première partie de notre travail en demandant la révision des quatre articles que nous avons examinés, et nous la demanderons au nom du réveil de l'esprit d'association, c'est à dire au nom du développement de la richesse publique.